Dépôt Légal. — 11 février 84.



# RAPPORT

SUR LES

## CONCOURS entre MM. les ÉTUDIANTS EN DROIT

PRÉSENTÉ AU NOM DE LA FACULTE DE DROIT

### Par M. BALLEYDIER, agrégé

Chargé d'un Cours de Procédure Civile

SEANCE ANNUELLE DE RENTRÉE DES FACULTÉS

ET DE L'ÉCOLE PRÉPARATOIRE DE MÉDECINE ET DE PHARMACIE

LE 29 NOVEMBRE 1883

GRENOBLE

Xavier DREVET, éditeur

IMPRIMEUR-LIBRAIRE DE L'ACADEMIE

14, rue Lafayette.

1884

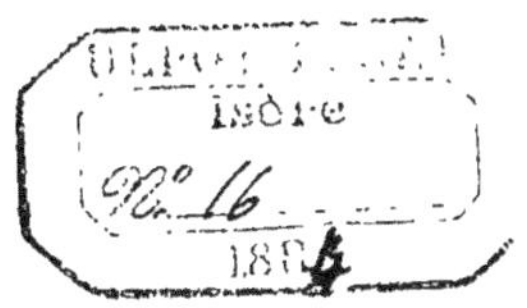

# RAPPORT

SUR LES

## CONCOURS entre MM. les ÉTUDIANTS EN DROIT

PRÉSENTÉ AU NOM DE LA FACULTÉ DE DROIT

### Par M. BALLEYDIER, agrégé

Chargé d'un Cours de Procédure Civile

SÉANCE ANNUELLE DE RENTRÉE DES FACULTÉS

ET DE L'ÉCOLE PRÉPARATOIRE DE MÉDECINE ET DE PHARMACIE

LE 29 NOVEMBRE 1883

GRENOBLE

Xavier DREVET, éditeur

IMPRIMEUR-LIBRAIRE DE L'ACADÉMIE

14, rue Lafayette.

1884

# RAPPORT

SUR LES

## CONCOURS ENTRE MM. LES ÉTUDIANTS EN DROIT

Présenté au nom de la Faculté de droit

### Par M. BALLEYDIER, agrégé

Chargé d'un Cours de Procédure Civile

MONSIEUR LE RECTEUR,
MESSIEURS,

Je suis chargé de vous exposer les résultats des concours annuels entre les Étudiants en droit. Par cette marque de confiance, dont je sens tout le le prix, la Faculté ne m'impose pas la tâche de vous faire entendre dans une sèche énumération les sujets de composition et les noms des lauréats. Elle veut que les concurrents trouvent dans ce rapport l'indication des mérites qui ont appelé son attention sur leurs travaux ; elle veut également qu'ils soient instruits des taches qu'elle a parfois regretté d'y découvrir. Que nos jeunes lauréats ne s'attendent donc pas à des louanges sans restriction : ils éprouveraient une déception ; et si les critiques que je serai obligé de leur adresser mêlent un peu d'amertume à la joie de leur triomphe, qu'ils sachent les accepter comme des conseils inspirés par l'intérêt que nous leur portons, et qui ne leur seront pas sans utilité pour l'avenir.

Les concours de la Faculté de droit sont de deux sortes. Les premiers sont institués entre les Étudiants de licence de chaque année, les autres forment le couronnement et comme la sanction des cours complémentaires, et sont ouverts à tous les auditeurs qui s'y sont fait inscrire.

La Faculté avait, en outre, comme elle le fait chaque année, proposé à MM. les Docteurs et Étudiants en doctorat l'étude d'une intéressante question de droit civil ; mais aucun concurrent ne s'est présenté. La Faculté qui, l'année dernière, avait eu la satisfaction de couronner un excellent mémoire, ne peut que déplorer cette désertion, et exhorter les intéressés à imiter désormais leurs jeunes camarades, dont le zèle n'a fait défaut à aucun des concours qui leur étaient offerts.

### CONCOURS DE PREMIÈRE ANNÉE.

En droit romain, les concurrents devaient étudier : « la parenté civile, son principe, ses effets, la parenté naturelle, comment elle réagit sur la parenté civile. »

Exposer l'organisation de l'ancienne famille romaine, montrer qu'elle repose tout entière sur la puissance paternelle, que l'autorité du père de famille, si étendue, si excessive de son vivant, lui survit en quelque sorte, et qu'après sa mort elle est le lien qui unit entre eux les membres de la famille et en fait des agnats, des parents aux yeux de la loi ; rechercher par l'effet de quelles réformes successives s'est peu à peu modifiée cette conception primitive de la parenté ; comment les liens du sang, longtemps méconnus, ont enfin obtenu dans la loi la place et les effets importants qu'elle leur accorde encore aujourd'hui, en un mot com-

ment la famille cognatique ou naturelle l'a défini-
tivement emporté sur la famille agnatique ou civile : tel était le programme que les concurrents
avaient à remplir. Le sujet était vaste et par là même parfaitement approprié aux forces d'un Étudiant
de première année : sans exiger la connaissance d'une
foule de notions de détail, il permettait de s'as-
surer facilement si les concurrents avaient bien
saisi les traits principaux de cette importante théorie. Sept compositions ont été remises ; trois ont
dû être éliminées, non qu'elles fussent absolument
dépourvues de mérite ; mais l'absence ou l'inexactitude des vues d'ensemble n'ont pas permis de te-
nir compte à leurs auteurs des connaissances
qu'elles révélaient sur certains points.

Des quatre autres copies, dont les devises d'u-
sage nous ont révélé les auteurs, deux ont particu-
lièrement fixé l'attention et tenu longtemps hési-
tants les suffrages de la Faculté : celles de MM.
Maret et Capitant.

L'une et l'autre embrassent dans un plan méthodique toutes les parties essentielles du sujet. L'une
et l'autre se recommandent par d'incontestables
qualités de style ; également claire chez tous les
deux, la forme est plus ferme et plus précise chez M.
Capitant, mais elle est plus personnelle et plus brillante chez son concurrent. M. Maret aborde son sujet avec une vigueur et un entrain juvéniles bien
faits pour charmer le lecteur ; il ne se défend pas
d'un certain enthousiasme pour les institutions ro-
maines, sentiment trop rare pour n'être pas en-
couragé. Mais ce qui surtout assure à M. Maret
le premier prix, et rejette M. Capitant au second

rang, c'est que la composition de ce dernier est d'une doctrine moins sûre et témoigne d'une connaissance moins approfondie du sujet que celle de M. Maret. Sans doute la composition de M. Maret renferme quelques assertions téméraires : il prétend, par exemple, que la loi des douze Tables reconnaissait aux cognats un droit de succession après les agnats. Mais M. Capitant est tombé dans des erreurs plus graves : ainsi il s'est totalement mépris sur la nature des *bonorum possessiones*, qu'il considère comme conférant un simple droit de jouissance.

A une assez grande distance des deux premières compositions, se place le travail de M. de Lagrevol, qui obtient la première mention. M. de Lagrevol a bien compris et bien exposé le principe de la parenté civile, et c'est là un grand mérite; mais il en a développé les conséquences avec moins d'ampleur que les deux précédents lauréats. Sa composition offre de regrettables lacunes : elle est presque muette sur les *bonorum possessiones*. Enfin l'exactitude du langage y laisse souvent à désirer ; sans doute on ne peut à cet égard se montrer bien exigeant envers un Étudiant de première année; encore ne devrait-il pas ignorer que *mineur et pupille* ne sont pas des termes synonymes en droit romain.

La composition de M. Chauvet qui obtient une deuxième mention, porte la trace de lectures variées et fournit la preuve d'un travail personnel très méritoire. Si de nombreuses défaillances de mémoire n'ont pas permis pour cette fois à M. Chauvet de recueillir tout le fruit de ses efforts, il n'en mérite pas moins les encouragements de la Faculté, et conquerra sans doute un rang plus élevé dans un prochain concours.

La composition de droit français portait sur le sujet suivant : « Des droits des propriétaires riverains sur les rivières non navigables ni flottables. »

Ceux dont l'héritage est bordé ou traversé par un cours d'eau non navigable ni flottable jouissent sur ses eaux de plusieurs droits : ils peuvent notamment les employer à l'irrigation de leurs propriétés. La loi leur reconnaît aussi le droit de pêche. Les Étudiants devaient d'abord préciser l'étendue de ces divers droits. Ils avaient ensuite à poser et à résoudre une célèbre controverse : La propriété elle-même du cours d'eau n'appartient-elle pas aux riverains?

Sept concurrents se sont présentés. Ici comme en droit romain, c'est à M. Maret que revient le premier prix, à M. Capitant le second.

La copie de M. Maret se recommande par les qualités de style que j'ai déjà signalées en droit romain. M. Maret a tort sans doute de parler de *riveraineté;* mais il nous a déjà donné assez de preuves de ses aptitudes littéraires pour qu'il soit permis de mettre sur le compte de l'improvisation ce malencontreux néologisme. Quant au fond il n'y a guère que des éloges à lui décerner : il a exploré le sujet sous toutes ses faces ; il est même au courant des particularités que présente en Dauphiné l'application des lois qu'il commente. On peut cependant lui reprocher de n'avoir pas compris que les règlements particuliers, dont il est fait mention dans l'art. 645, ne sont pas seulement les règlements administratifs, mais aussi les règlements conventionnels arrêtés entre les intéressés. D'autre part, M. Maret discute bien la question de la propriété des petits cours d'eau; mais pourquoi n'en indique-t-il pas l'intérêt pratique?

M. Capitant a étudié avec beaucoup de soin la grande controverse, et il faut rendre pleine justice aux qualités qu'il a déployées dans cette discussion : à la force et à la justesse de son raisonnement, à l'abondance de ses arguments. Mais les autres parties du sujet sont moins bien traitées que dans la composition de M. Maret. En outre, M. Capitant est tombé dans deux erreurs regrettables : il affirme, contrairement au texte formel de l'art. 560, que les îles formées dans les cours d'eaux navigables ou flottables appartiennent aux riverains, et, s'appuyant à tort sur l'art. 6 de la loi du 25 mai 1838, il attribue compétence au juge de paix pour trancher les contestations prévues par l'art. 645.

M. Boccaccio obtient la première mention avec une composition assez complète, mais moins méthodique que les deux précédentes. Trop bref sur les deux hypothèses de l'art. 644, il a, en revanche, consacré des développements importants aux lois de 1845, 1847 et 1854, qui n'avaient rien à faire dans le sujet.

La composition de M. Margot, à qui la Faculté décerne une deuxième mention, prouve, malgré quelques lacunes, que son auteur a travaillé et connaît les parties essentielles de la matière ; mais elle pèche par le manque d'ordre et de divisions.

CONCOURS DE DEUXIÈME ANNÉE.

« De l'effet extinctif et créateur d'obligations de la *litis contestatio.*Comparaison avec la novation.» C'est en  ces termes qu'était formulé le sujet  de droit romain proposé aux Etudiants de deuxième année.

Jusqu'à Dioclétien, la procédure romaine se  divise en  deux phases  distinctes :  la première  se passe devant le magistrat, *in  jure*, la seconde devant le juge, *in judicio*. Ces deux parties du procès sont séparées par la  *litis  contestatio*, qui, sous le système formulaire, n'est autre chose que la  délivrance par le magistrat au juge de  la formule  qui lui trace sa mission. La *litis contestatio*, entre autres conséquences importantes, a pour  effet d'éteindre le droit déduit en justice et de le remplacer par un autre, le droit à une condamnation  contre le défendeur. La *litis contestatio* présente donc une analogie notable avec la novation : c'est par l'étude de de  cette analogie et  des différences  qui existent cependant entre les deux institutions que  les Etudiants devaient terminer l'examen de l'effet extinctif et créateur d'obligations de la *litis contestatio*.

La Faculté a reçu cinq compositions : elle en a écarté une.

Des quatre autres concurrents, c'est M. Mamy qui se place au premier rang, avec une dissertation complète, presque toujours exacte, écrite  dans un style généralement clair, mais un  peu prolixe. Elle se divise en trois parties,  en suivant l'ordre même indiqué  par la position  de  la question.

De ces trois parties, la première, consacrée à l'effet extinctif, qui était assurément la plus difficile, est aussi celle sur laquelle je dois faire quelques réserves. Dans un raisonnement d'ailleurs passablement obscur, M. Mamy semble vouloir rattacher l'effet extinctif de la *litis contestatio* à l'autorité de la chose jugée. Si c'est là sa pensée, elle est certainement erronée, puisque cet effet extinctif se produit lors même qu'il n'intervient pas de jugement. Il faut encore signaler ici deux erreurs, qui ne sont peut-être que des fautes d'inattention : l'auteur suppose que l'action *furti* peut être intentée contre un esclave et entraîner l'infamie ; ailleurs il affirme que la formule de l'action *in rem* contient une *demonstratio*. Les deux dernières parties ne méritent pas de semblables reproches. En somme, le travail de M. Mamy est l'œuvre d'un Etudiant laborieux et instruit, et, malgré quelques taches bien excusables dans un sujet aussi ardu, il mérite largement la récompense qui lui a été assignée.

M. Senequier-Crozet obtient le second prix. Sa composition brille par des qualités toutes différentes de celles qui ont valu le premier rang à M. Mamy. C'est, en effet, le début consacré à l'effet extinctif de la *litis contestatio* qui en est de beaucoup la meilleure partie. M. Senequier a très bien décrit, dans un langage d'une élégante précision, la nature et les conditions de l'effet extinctif : il y a là quelques pages d'une netteté, d'une justesse d'expression, d'un enchaînement qui ne laissent rien à désirer. Si M. Senequier avait tenu les promesses d'un pareil début, la Faculté aurait eu à récompenser un mémoire hors ligne. Malheureusement, il n'en a rien été , et la fin du travail de M. Senequier est très faible. La comparaison de la *litis contestatio* et de la novation est complètement manquée, et il n'a fallu rien moins que la supériorité de la première partie pour en racheter les nombreuses erreurs. Parmi celles-ci, il en est plusieurs que M. Senequier eut facilement évitées avec une connaissance même superficielle des textes. Mais il est trop évident qu'il n'a pas l'habitude de compulser le Digeste, ni même l'Enchiridion. Je crains fort, du reste, qu'il ne soit pas le seul à mériter ce reproche, et qu'il ne faille pas ranger les Institutes de Gaius parmi les lectures favorites de MM. les Etudiants.

La Faculté décerne deux mentions, l'une à M. Meunier, l'autre à M. Brachet.

Le premier a su éviter à peu près toute erreur. Mais ce qui en atténue le mérite, c'est qu'il n'échappe souvent à l'inexactitude que par le vague de la pensée et de l'expression.

On peut adresser à M. Brachet un reproche analogue. Sa copie renferme un résumé précis et exact de la question : mais les points délicats sont passés sous silence et les difficultés éludées.

Le sujet choisi par la Faculté pour la composition de droit français était « la théorie de l'effet déclaratif du partage. »

Le partage, en réalité, n'est autre chose qu'un échange : chacun des copartageants cède la part indivise qu'il a dans tous les biens de la succession, moyennant la propriété exclusive de quelques-uns de ces biens. Mais ce n'est pas ainsi que notre loi envisage cette opération : chez nous, le partage est un acte dont les effets remontent au jour de l'ouverture de la succession, de telle sorte que chaque héritier est censé avoir succédé seul aux biens mis dans son lot et n'avoir jamais eu aucun droit sur ceux qui n'y sont pas compris.

Nous avons eu à apprécier six compositions, dont quatre ont paru mériter une récompense. La meilleure, la plus complète et la plus exacte de toutes, est celle de M. Moutin, à qui la Faculté attribue le 1ᵉʳ prix. M. Moutin caractérise avec beaucoup de justesse les motifs pratiques et juridiques de l'art. 883 et en indique bien les effets. Si on peut lui reprocher d'avoir glissé trop rapidement sur certains points, et notamment sur la délicate question de l'application de l'art. 883 aux créances, il faut reconnaître qu'en revanche d'autres parties sont supérieurement traitées : tel est surtout l'exposé des conséquences de l'art. 883 en matière fiscale. En résumé, la composition de M. Moutin témoigne de connaissances solides : elle est écrite dans un style clair, simple, mais auquel on voudrait un peu plus d'élégance.

M. Mamy qui occupe le second rang est moins soutenu que M. Moutin. Il indique en très bons termes l'origine historique de l'art. 883 ; les effets de ce même article sont bien étudiés ; mais M. Mamy n'apporte pas toute l'attention désirable à l'examen de points pourtant importants, tels que la licitation dans ses rapports avec l'art. 883, la détermination des personnes et des biens auxquels ce texte s'applique.

Deux mentions honorables sont accordées, la première à M. Meunier, la deuxième à M. Senequier-Crozet.

Dans la composition de M. Meunier plusieurs parties sont traitées avec un soin digne d'éloges. Malheureusement, M. Meunier tombe plus d'une fois dans le défaut que nous avons déjà relevé en droit romain : un langage flottant recouvrant des idées qui paraissent peu précises et peu sûres d'elles-mêmes ; de telle sorte que s'il est toujours difficile de dire que l'auteur se trompe, il est souvent tout aussi impossible d'affirmer qu'il a raison.

Quant à M. Senequier, sa composition ne contient pas d'erreurs graves ; mais elle est peu développée, et écrite avec négligence.

CONCOURS DE TROISIÈME ANNÉE.

En droit civil, la Faculté proposait l'étude « des cas dans lesquels le droit de préférence survit au droit de suite. » Quatre concurrents seulement ont répondu à son appel : tous les quatre ont été jugés dignes d'une récompense. La Faculté décerne donc deux prix et deux mentions.

Au premier rang, nous trouvons M. Armand Porte, dont la dissertation, très substantielle, atteste, chez son auteur, un savoir étendu et solide. M. Porte se meut avec aisance au milieu des abstractions et des complications de notre régime hypothécaire. Il détermine avec beaucoup de clarté la portée de la question et l'intérêt que présente la survie de droit de préférence. Il passe ensuite en revue les diverses hypothèses où elle peut se rencontrer, et dans cette énumération il est plus complet qu'aucun de ses concurrents. Seul, il s'est demandé si, au cas de licitation intervenue au profit de l'un des copartageants, le créancier qui aurait reçu du chef de l'un des autres héritiers une hypothèque sur l'immeuble licité, peut encore exercer son droit de préférence sur la portion du prix revenant à son débiteur. Il a passé sous silence, il est vrai, une autre question intéressante qui se rapporte également à la matière du partage, et à laquelle donne lieu la combinaison de l'art. 2109 du Code civil, et de l'art. 6 de la loi de 1855. Mais la même omission peut être reprochée à chacun des autres concurrents. J'adresserai à M. Porte une critique plus grave, c'est de trop sacrifier au précepte : *Esto brevis*. Sans doute il est bon d'éviter des développements inutiles ; mais il ne faut pas que la concision aille jusqu'à la sécheresse. Plusieurs des controverses qu'examine M. Porte auraient gagné à une exposition plus détaillée des arguments qui y sont invoqués de part et d'autre.

M. Eyssautier, à qui appartient le second rang, discute plus à fond que M. Porte les questions sur lesquelles s'est arrêtée son attention ; mais sa composition est moins complète et moins solide de doctrine : ainsi M. Eyssautier écrit que l'adjudication sur licitation avec le concours des étrangers a pour effet de purger l'immeuble, ce qui est une erreur certaine.

Le début de la composition de M. Lefrançois n'est pas très heureux : l'auteur discute la réalité du droit d'hypothèque, comme si le moindre doute avait jamais pu surgir à ce sujet. Mais il ne tarde pas à se relever et sa dissertation a une réelle valeur.

La composition de M. Rivier est assez exacte, mais beaucoup trop sommaire pour mériter un rang plus élevé.

L'autre concours de 3e année portait sur le droit international privé.

Parmi les nombreuses et difficiles questions auxquelles donne naissance le conflit des lois civiles des divers pays, la Faculté avait choisi, pour la proposer aux Etudiants, celle qui a trait à la situation pécuniaire des époux : « Du régime matrimonial en droit international privé, » c'est ainsi qu'était formulé le sujet. Une étude complète de la matière comportait non seulement l'examen de la législation ou plutôt de la jurisprudence française, mais encore un aperçu sur les régimes matrimoniaux en vigueur dans les autres pays.

C'est cette étude de législation comparée qui fait défaut dans la composition de M. Porte. Mais comme sur le reste elle est complète et qu'on y retrouve les qualités de méthode et de clarté auxquelles M. Porte nous a habitués, elle obtient cependant le premier prix.

M. Rivier consacre quelques développements aux législations étrangères; encore est-il juste de dire qu'il oublie de nous parler de l'Angleterre. Mais il est moins au courant que M. Porte de la jurisprudence française ; il manie moins facilement la langue du droit. Aussi, tout en félicitant M. Rivier du savoir dont il a fait preuve, la Faculté ne peut-elle lui accorder que le second prix.

M. Dugon obtient une mention honorable, avec une bonne dissertation, qui eût été assurément meilleure, si de malencontreuses digressions n'avaient pas fait perdre à M. Dugon une partie du temps dont il disposait pour traiter le sujet.

Je passe aux concours sur les cours complémentaires dont l'institution est due à la libéralité de la ville de Grenoble.

## COURS COMPLÉMENTAIRES.

Au concours de Pandectes, on demandait aux candidats de déterminer « la date de l'acquisition de la propriété en vertu d'un legs *per vindicationem* pur et simple ».

M. Golléty a exposé, avec une sûreté presque exempte de défaillances, les controverses auxquelles la question avait donné lieu entre les jurisconsultes romains ; un critique sévère pourrait noter quelques négligences de style : mais l'excuse de M. Golléty est sans doute dans la longueur de sa dissertation qui ne ne lui aura pas permis de se relire.

Le sujet d'histoire du droit français était ainsi formulé : « Expliquer les deux inscriptions suivantes : Orelli, 3651 et 6453, la première relative à un procurator de la Lyonnaise, de l'Aquitaine et de la Lactora, la seconde à un gouverneur de la Narbonnaise qui fut chargé du *census* et du *dilectus* dans cette province. »

M. Stouff remporte le prix, couronnant ainsi une brillante série de succès universitaires. Il a présenté un travail très bien fait, et qui ne mérite guère que des éloges : la seule erreur qui ait

·échappé à M. Stouff n'intéresse qu'un point secondaire, l'explication des grades militaires.

M. Révilliod possédait bien le sujet et en a. tracé les lignes principales avec fermeté : il obtient une mention honorable.

Le Professeur de droit commercial avait fait porter son cours complémentaire sur l'étude comparée de trois projets de loi sur les faillites, soumis en 1882 à la Chambre des députés. La Faculté demandait aux concurrents « d'indiquer et d'apprécier la théorie du concordat formulée au projet de M. de Saint-Martin, » théorie dont le trait essentiel est que le concordat cesserait d'être libératoire, et aboutirait en fait à un sursis prolongé.

Deux concurrents seulement se sont présentés. Leurs deux compositions sont bonnes et ont beaucoup de points communs dans la division du sujet et la conclusion.

M. Lefrançois a été classé le premier : par la netteté et le relief, il est supérieur à son concurrent, M. Porte, auquel la Faculté accorde, sans hésiter, une mention honorable.

Le concours de Code civil approfondi roulait sur la question suivante : « De la clandestinité de l'hypothèque légale attribuée à la femme mariée ; des cas où une inscription est requise. » M. Porte a prouvé, une fois de plus, que les plus délicates questions de nos lois hypothécaires lui sont familières. Il obtient le prix.

Trois Etudiants ont pris part au concours de législation industrielle et ont expliqué « la nature et les particularités légales de la propriété résultant d'un décret de concession de mines. »

Il était permis de balancer, pour l'attribution de prix entre la composition de M. Eyssautier et celle de M. Porte. Toutes deux offrent un résumé exact de la jurisprudence et sont exemptes d'erreurs doctrinales. La Faculté a donc dû s'attacher, pour le classement, à des différences d'importance secondaire. Ce qui l'a décidée à placer M. Eyssautier avant M. Porte, c'est que ce dernier a oublié de faire remarquer que l'inaction du concessionnaire peut entraîner le retrait de la concession. Ajoutons que si le plan de M. Porte est plus méthodique, M. Eyssautier présente les détails sous une forme plus heureuse. La Faculté accorde donc le prix à M. Eyssautier, une mention très-honorable à M. Porte. M. Lefrançois obtient une deuxième mention.

Le sujet du concours de procédure civile approfondie : « Des restrictions apportées par la saisie proprement dite aux droits du propriétaire sur l'immeuble saisi, » a été traité par quatre concurrents.

Le prix est attribué à M. Senequier-Crozet. Ce qui lui vaut surtout le premier rang, c'est qu'il a bien compris et expliqué une des difficultés les plus graves du sujet : l'aliénation qui a acquis date certaine, mais qui n'a pas été transcrite avant la transcription de la saisie, est-elle opposable au saisissant ? difficulté qui a échappé aux autres concurrents.

La composition de M. Meunier, plus superficielle que la précédente, est néanmoins assez bonne pour mériter une mention honorable.

Le sujet proposé en matière d'enregistrement était une « étude théorique et pratique du principe de la non-distraction des charges dans son application à l'impôt des mutations par décès. »

Ce concours fournit à M. Mamy l'occasion d'un nouveau succès : la Faculté lui accorde le prix.

Sa composition est bien divisée; la phrase est claire, précise, parfois un peu emphatique. La discussion critique du principe si contestable et si contesté de la non-distraction des charges est très bien conduite.

La composition de M. Moutin renferme aussi une bonne étude du sujet et reçoit une mention honorable.

Il me reste à vous parler du concours de Notariat qui portait sur « la réception et la rédaction des actes notariés, et les personnes qui y prennent part. »

M. Moncharville qui obtient le prix a embrassé toutes les parties importantes du sujet : les développements sont un peu maigres, mais l'essentiel s'y trouve; pas d'erreurs graves, à peine une ou deux inexactitudes. On peut regretter seulement que M. Moncharville manque de rigueur dans la méthode.

M. Mamy fait preuve de connaissances pratiques, mais il s'attarde trop à expliquer des détails de rédaction sans portée et néglige des questions d'un intérêt plus juridique. Il reçoit la première mention. Une deuxième mention est accordée à M. Prallet.

J'ai fini, et si j'ai retenu trop longtemps votre attention, vous me le pardonnerez sans doute, en songeant que la longueur de ce rapport est due au nombre et au mérite des travaux dont j'ai eu à vous entretenir. Dans leur ensemble, en effet, et malgré les critiques de détail que je leur ai adressées, les compositions de fin d'année sont satisfaisantes, et d'un heureux présage pour l'avenir de leurs auteurs. Ce ne sont certes ni les heureuses dispositions de l'esprit, ni les connaissances acquises qui leur manquent. Peut-être plusieurs d'entre eux auraient-ils fait mieux encore , et leurs succès eussent-ils été plus glorieux, si, de ces précieuses ressources, ils avaient fait un moins timide emploi, si, moins préoccupés de suivre pas à pas les leçons de leurs maîtres, ils avaient essayé plus souvent de faire œuvre originale, et sans cesser de s'inspirer des enseignements qu'ils ont reçus, de donner à leur sujet une physionomie et comme une vie nouvelle en lui imprimant le cachet de leur personnalité. Sans doute de semblables tentatives ne vont pas sans quelque danger : à s'écarter des routes frayées, on risque quelquefois de s'égarer. Mais ce n'est pas en s'attachant servilement aux traces d'un guide qu'on goûte le plaisir de la difficulté vaincue et de la recherche couronnée de succès. Ne craignez donc pas, Messieurs les Etudiants, de compter un peu plus sur vos propres forces, et tout en conservant précieusement vos excellentes traditions de travail et d'assiduité, de donner à votre intelligence un plus libre et plus vigoureux essor. Ainsi serez-vous assurés de triompher, non seulement dans ces modestes concours, mais encore dans les luttes plus sérieuses que vous réserve l'avenir.

Grenoble, impr.-libr. Xavier DREVET, rue Lafayette, 14.